Psychose : « Trouble mental caractérisé par une désorganisation de la personnalité, la perte du sens du réel et la transformation en délire de l'expérience vécue. »

Larousse

Le monde a été, au printemps 2020, frappé de psychose. Le choc déclencheur n'a pas été une guerre nucléaire ou la collision avec un astéroïde géant, mais une simple maladie infectieuse venue d'Asie, comme nous en avons connu des dizaines dans l'histoire de la santé humaine. Pour ce virus, dont la létalité est inférieure à 0,5 %, plus de la moitié de la population de la planète reçut l'ordre de ne plus sortir de chez elle, sauf pour ses besoins vitaux. Cette mesure inouïe, qui reçut le mot de « confinement », fut prise par la majorité des gouvernements du monde, en raison de la pandémie de Covid-19, maladie fort contagieuse, mais peu mortelle. Involontairement, une expérience médicale a eu lieu avec des cobayes humains dans un lieu clos. Ce fut sur le *Charles-de-Gaulle*, le plus grand navire de la marine française. Après une longue croisière, ce porte-avions revint au port avec 1 046 marins infectés. Aucun ne mourut.
Ce n'est pas la Covid-19 qui a mis le monde à terre, mais la psychose provoquée par ce virus.

ANACHRONISME DU CONFINEMENT

LES STATISTIQUES CONTRE LA PSYCHOSE

La Covid-19 est un vrai problème de santé publique. Il faut le traiter comme tel, en dépistant les malades (à commencer par les personnes à risque, en raison de leur âge ou de leurs comorbidités), avant de les isoler et de les soigner. Parfois, pour éviter une saturation des services hospitaliers, un confinement localisé peut paraître comme légitime. Cependant, beaucoup ont eu une réaction émotionnelle face au virus, voyant en lui non pas un problème qui devait être traité comme un autre mais une sorte de monstre réveillant nos peurs les plus profondes.

Face à la dictature de l'émotion, les statistiques permettent d'avoir une meilleure compréhension de la situation et de mesurer la gravité exacte de la pandémie en tant que problème de santé publique. Au 4 septembre 2020, au moment où nous écrivons ces lignes, le virus, après au moins dix mois d'existence, avait tué huit cent mille personnes sur une planète qui compte plus de sept milliards d'habitants. En France, elle a tué trente mille personnes, soit deux fois la canicule de 2003, qui, elle, n'avait duré que quinze jours.

Nous sommes donc bien loin de la peste, de la variole, du choléra, des horreurs d'Ebola (dont la mortalité dépasse les 60 %) ou encore de la grippe espagnole, qui tua cinquante millions de personnes sur une planète alors peuplée de seulement deux milliards d'habitants.

Chaque année, soixante millions de personnes meurent dans le monde (dont six cent mille en France, soit onze mille cinq cents décès par semaine). En 2020, la Covid-19, à elle seule, ne fera pas bouger le chiffre de la mortalité mondiale.

Rappelons juste qu'à l'hiver 1968-1969, alors que nous étions déjà un pays moderne, la grippe de Hong Kong a fait un million de morts dans le monde, dont trente-cinq mille en France. Aucune mesure particulière n'avait été prise et la société n'en garda aucun traumatisme. Toute l'attention que les médias de l'époque avaient consacrée à cette épidémie durant trois mois fut bien inférieure à celle portée à la Covid-19 par nos médias pendant une seule journée de confinement. « Ni les autorités, ni le public, ni les médias ne s'en soucient. Bien au contraire, le ton est léger, voire folâtre : un présentateur d'un journal télévisé parle de la grippe de 1968 comme du dernier cadeau de Noël qui fait des millions de malades et quelques morts » (*Le Temps*). Un médecin niçois se souvient : « Les gens arrivaient en brancard, dans un état catastrophique. Ils mouraient d'hémorragie pulmonaire, les lèvres cyanosées, tout gris. On n'avait pas le temps de sortir les morts. On les entassait dans une salle au fond du service de réanimation. Et on les évacuait quand on pouvait, dans la journée, le soir. » Douze ans plus tôt, en 1956-1958, la grippe asiatique avait déjà fait entre un et deux millions de morts dans le monde sans causer d'émotion collective particulière.

Selon l'OMS, en 2016, les broncho-pneumopathies obstructives ont fait plus de trois millions de victimes. Cette année-là, on n'a pas arrêté l'économie de la planète pour autant. De même, chaque année, deux millions et demi de personnes meurent d'une infection respiratoire.

En Chine, la pollution tue entre un et deux millions de personnes par an. Même bilan pour l'Inde. Cela veut dire que le nombre de morts causées par la pollution en Chine sera plus important que le nombre de victimes dues à la Covid-19, non seulement en Chine, mais même dans le monde entier. Chaque année, la grippe saisonnière fait entre cinq mille et quinze mille victimes en France (avec un pic de vingt et un mille morts en 2017), soixante mille en Europe, six cent mille dans le monde. Neuf millions d'humains, dont la moitié d'enfants, meurent de faim chaque année, soit vingt-cinq mille par jour. Il suffit donc d'environ quarante jours à la faim pour atteindre le bilan global de la Covid. Et alors que les médias nous indiquent chaque soir complaisamment le nombre de morts de la Covid (même quand il est fort bas), ils ne nous donnent jamais ceux de la faim, de la grippe ou des cancers.

En 2020, les causes principales de la mortalité vont rester les mêmes que les années précédentes : accidents de la route, guerres, accidents cardio-vasculaires, cancers, paludisme, tuberculose, SIDA, hépatites, surconsommation de médicaments… Les vrais tueurs de masse du XXIe siècle ne sont pas la Covid-19. Ils ont pour nom : pollution, drogues, acides gras saturés, sel, sucre, tabac (qui fait soixante-quinze mille morts en France chaque année, sans que l'État, pourtant si soucieux de notre santé et si autoritaire face à la Covid, ne songe à l'interdire alors qu'il tue bien davantage)... Ce sont eux qui tuent le plus. C'est sur eux que nous devrons faire porter sur la durée nos politiques de santé publique.

La question est simple : lorsqu'on regarde les statistiques de la mortalité annuelle (neuf millions de morts de faim, neuf millions aussi du cancer, trois millions de broncho-pneumopathies, un million et demi de la tuberculose, un million du SIDA, six cent mille de la grippe, cinq cent mille du paludisme...), devions-nous mettre le monde à l'arrêt pendant plusieurs mois et détruire notre économie pour la Covid-19 ?

LE CONFINEMENT : UN REMÈDE ARCHAÏQUE

Copié sur le modèle choisi par la Chine dans l'urgence, et qu'elle a ensuite cherché à exporter et à promouvoir, le confinement n'a pas fait ses preuves sur le plan sanitaire. Il s'agit d'un remède passéiste et archaïque. Les grands écrivains Pouchkine (dans son journal) et Giono (dans *Le Hussard sur le toit*) décrivaient déjà le confinement imposé par les autorités pour lutter (sans succès) contre l'épidémie de choléra de 1832. On peut être surpris qu'en 2020, à l'époque d'Internet, dans un pays moderne qui se trouve être la sixième puissance mondiale, on ait utilisé un remède anachronique qui fait davantage penser à un retour au XVIIe siècle qu'à l'ère du *big data*.

Il s'agissait pourtant d'une technique peu efficace. En effet, le bon sens voudrait qu'on sépare les malades des non-malades afin d'éviter la contagion. C'est d'ailleurs la base de la médecine moderne et du traitement des maladies infectieuses (diagnostiquer/isoler/soigner). Or, dans le confinement, cette logique de séparation et de mise à l'isolement n'est absolument pas respectée. Au contraire, on a enfermé ensemble des malades et des non-malades, facilitant ainsi parfois la propagation du virus. C'est ce qu'on a constaté dans les EHPAD, où le confinement fut contre-productif, diffusant la maladie chez les plus fragiles et aboutissant à une hécatombe dans certains de ces établissements.

Les pays qui ont pratiqué un confinement sévère durant plusieurs semaines (Espagne, Italie, France, Royaume-Uni, Belgique...) affichent un nombre de morts très élevé. Au contraire, l'Allemagne, qui a fait le choix d'une autre stratégie avec un semi-confinement beaucoup plus souple, arrêté plus tôt, et un dépistage de masse, compte quatre fois moins de morts par habitant que la France. Surtout, les pays asiatiques qui font le choix du dépistage, de l'isolement et du traitement des malades comptent beaucoup moins de décès (trois cent seize en Corée du Sud, quatre-vingt-neuf à Hong Kong, sept à Taïwan...). Et ce sans même recourir au moindre confinement ! À Taipei, les restaurants n'ont jamais fermé. Plutôt que d'adopter ce modèle à la fois efficace et respectueux des libertés, nous avons préféré adopter la stratégie que la Chine, pays totalitaire, avait choisie.

La faible létalité du virus signifiait-elle qu'il fallait ne rien faire face à l'épidémie ? Certainement pas ! Au contraire, nous devions agir avec détermination. Le principal problème n'était pas du tout la létalité du virus (très faible), c'était le risque d'engorgement des hôpitaux provoqué par cette maladie. Il fallait donc prendre des mesures fortes et spécifiques pour régler ce problème précis.

Faisons une comparaison. En 2019, les accidents de la route ont tué plus d'un million de personnes dans le monde, avec une moyenne d'âge bien plus basse que celle des morts de la Covid-19. On n'a pas pour autant interdit la circulation ni la fabrication de voitures. Heureusement, on réduit le nombre des tués sur la route par des actions ciblées (limitations de vitesse, mesures pénales contre l'alcool au volant, ceintures de sécurité et airbags dans les voitures, véhicules plus solides, réfection des routes, etc.). Entre ne rien faire et mettre tout à l'arrêt, il existe un juste milieu, qui est d'ailleurs la seule attitude rationnelle et efficace : les mesures ciblées.

La bonne méthode de lutte contre la propagation des épidémies est pourtant bien connue des infectiologues et c'est à elle qu'il faudra recourir en cas de retour de la Covid-19 : lavage systématique des mains (qui est un élément fondamental), port du masque dans les transports, dépistage de masse, isolement des malades, traitement (médicaments, apport d'oxygène en cas de besoin, anticoagulants pour éviter l'embolie pulmonaire, ces deux derniers points permettant déjà à eux seuls de faire s'effondrer le taux de passage en réanimation et celui de la mortalité...) et, après la rémission, scanners *low dose* pour détecter d'éventuelles lésions pulmonaires. La Covid-19 est une maladie ordinaire qui se soigne par des moyens classiques. Cependant l'obésité de l'État-providence français, qui est le plus coûteux du monde, son incapacité à s'extraire rapidement de ses règles bureaucratiques habituelles, l'ont empêché de réagir vite et bien et de mobiliser toutes les énergies (armée, laboratoires vétérinaires, entreprises, cliniques privées...) pour mettre en place un dispositif pertinent. Enfermé dans sa déroute stratégique et logistique, il a fait l'inverse de ce qu'il fallait faire : il a confiné l'ensemble du pays (y compris des régions complètement épargnées par le virus !) et dit aux malades de rester chez eux et de prendre du doliprane jusqu'à ce qu'ils commencent à étouffer alors qu'il aurait dû laisser le pays fonctionner tout en testant et soignant les malades, conformément au serment d'Hippocrate prêté par les médecins.

Face à la Covid-19, il convient donc de recourir à des actions ciblées et d'adopter une stratégie alternative, inspirée des expériences taïwanaises et sud-coréennes, stratégie qui aurait dû être choisie et qui devra être adoptée en cas de retour de l'épidémie. Une telle approche, beaucoup plus efficace sanitairement, permet à la fois de dédramatiser la situation, de sauver l'économie, d'éviter le recours au confinement… et d'avoir beaucoup moins de morts !

RÉANIMATIONS ET DEUXIÈME VAGUE

L'Europe vit d'ailleurs dans la peur d'une deuxième vague. Mais il faut savoir qu'une deuxième vague serait fort différente de la première sur le plan hospitalier. En effet, on connaît mieux la maladie et les techniques de réanimation face à la Covid-19 ont beaucoup progressé depuis mars. Ainsi, la durée moyenne en réanimation est passée de vingt et un à douze jours, avec une mortalité qui diminue. Dans une tribune parue fin août dans *Le Parisien*, Olivier de Soyres tente de défendre la voix du bon sens et de la liberté face à « la soupe culpabilisante des moralisateurs tyranniques ». Médecin réanimateur à Toulouse, il écrit :

> *J'ai eu l'honneur de soigner des patients Covid-19 graves. […] À condition d'avoir des réanimations en état de fonctionner, on ne meurt pour ainsi dire plus de la Covid-19. Cette phrase peut choquer mais c'est notre expérience. […] Certains sont morts avec la Covid, mais pas de la Covid. Comme ce patient cancéreux ne pesant plus que 37 kg pour 178 cm qui, en contractant le virus, a vu sa vie raccourcie de quelques jours. Ces*

patients ne peuvent justifier le chômage des jeunes. Ni les dettes abyssales laissées aux générations suivantes. Ni le renoncement massif à nos modes de vie. [...] *La censure morale que certains soignants veulent exercer est une insulte à notre profession.* [...] *Le virus est là. La majorité n'en subira pas de dommage significatif. Il est parfois virulent mais on sait maintenant soigner la majorité des cas graves. Alors remettons-le à sa juste place ; n'en faisons pas un terroriste, c'est-à-dire un agent dont l'impact psychologique et sociétal dépasse de loin son impact physique. Avant l'hiver qui risque de voir la contagiosité augmenter, il faudrait plutôt avoir un plan pour pouvoir mieux soigner les cas sérieux. Armons les hôpitaux pour faire face efficacement, formons du personnel médical supplémentaire à la réanimation spécifique des Covid graves. C'est possible. Et vivons. Libres.*

LES RESSORTS PSYCHOLOGIQUES DE LA PSYCHOSE

LES SIGNES DE LA PSYCHOSE

La Covid-19 ne saurait être prise à la légère et nécessite une réponse énergique des pouvoirs publics. Mais il faut conserver sa lucidité et garder ses nerfs. Le problème de la psychose est venu s'ajouter à celui du virus. La panique n'a jamais aidé à résoudre les problèmes ; au contraire, elle les accroît.

Or, un phénomène de psychose collective est apparu lors de la crise de la Covid-19. On a vu se multiplier les décisions prises sous l'effet de la panique, qui auraient pu être pertinentes pour des épidémies plus graves, mais qui face à la Covid-19 relevaient de la surréaction et se sont finalement révélées contre-productives. Par ailleurs, les réactions irrationnelles et inappropriées, et qui l'auraient été quelle que soit la dangerosité du virus, ont, elles aussi, été nombreuses.

L'histoire est riche en psychoses collectives. Mais en raison de la mondialisation, des médias de masse, de la révolution numérique et des réseaux sociaux, c'est la première fois qu'une psychose s'est répandue dans l'humanité entière. En 2020, nous avons assisté à une mondialisation de la psychose.

Les médias ont repris sans prudence les prédictions apocalyptiques données par l'*Imperial College* de Londres, qui prévoyait des millions de morts en Europe, dont cinq cent mille en France, si on ne recourait pas au confinement. Or, le bilan des pays qui n'ont pas confiné – comme les Pays-Bas ou la Suède – montre que ces prévisions étaient fantaisistes. Les Pays-Bas, qui ont faiblement confiné, affichent une fois et demie moins de morts par habitant que leur voisin belge, qui a pourtant lourdement confiné sa population. La Suède, pays qui a refusé tout confinement et n'a même pas pris la peine de fermer ses restaurants, compte cinq mille huit cents morts au lieu des soixante-dix mille que lui prédisait l'*Imperial College*. Sa courbe des décès a la même structure que celle des autres pays européens, avec un pic en avril suivi d'un effondrement, ce qui montre bien que l'épidémie a une histoire naturelle, qui lui est propre et qui est indépendante de l'action humaine. Depuis fin juillet, la Suède a moins de cinq morts par jour. Sa prise en charge des malades n'a cessé de s'améliorer. Loin de l'apocalypse qu'on lui promettait, elle a continué de vivre normalement : sa société ne s'est pas effondrée et personne n'est mort dans les rues de Stockholm ou dans les couloirs d'hôpitaux surchargés. Son taux de décès par habitant est légèrement supérieur à celui de la France, et nettement inférieur à celui de l'Espagne, de l'Italie, du Royaume-Uni et de la Belgique, pays qui ont pourtant lourdement confiné.

L'émotion a remplacé la raison et la lucidité. Les exemples se sont multipliés à travers la planète. Aux États-Unis, on a fait la queue pour acheter des armes. Les familles se sont ruées sur les médicaments, sans rien en connaître. Dans l'Arizona, un homme, qui n'était pas atteint par la maladie, est mort après avoir ingéré du nettoyant pour aquarium qui contenait des traces de chloroquine.

En Espagne, les règles du confinement furent tellement strictes que les enfants, qui ne sont pas une cible du virus, n'ont pas eu le droit de sortir de chez eux pendant six semaines.

En Inde, des agressions contre le personnel soignant (suspecté d'être contaminé) se firent jour. Des infirmiers et des médecins furent attaqués dans la rue ou expulsés de chez eux par leurs propriétaires ou leurs voisins. Le problème a été tel que le Premier ministre, Narendra Modi, a condamné ces actes publiquement et menacé leurs auteurs de poursuites judiciaires.

En Italie, une jeune femme, médecin, a été tuée par son compagnon qui l'accusait (à tort) de lui avoir transmis le virus. Des métallurgistes italiens firent grève, pour avoir le droit de cesser le travail et de se confiner, alors qu'ils sont dans un métier aujourd'hui mécanisé, souvent robotisé, où il n'est pas difficile de garder des distances de sécurité entre employés.

En France, les centres antipoison ont été submergés d'appels à cause d'infections au désinfectant, certaines personnes allant même jusqu'à s'enduire le corps entier de gel hydroalcoolique. Sur les plages françaises, durant la période de confinement, des drones de la gendarmerie patrouillèrent pour intimer l'ordre de rentrer chez eux aux rares familles avec enfants qui s'y promenaient. On a interdit aux gens de se promener seuls dans les bois alors que cela, de toute évidence, ne présentait aucun risque.

Une partie de la population a semblé être droguée au confinement. Ainsi, chez Amazon-France, des employés obtinrent de la justice que les entrepôts de l'entreprise soient fermés au motif d'une « mise en danger de la vie d'autrui », sans même se soucier des PME et des logisticiens qui risquaient de faire faillite à cause de cette décision. Le 26 mars, les pêcheurs de Saint-Malo se plaignaient de ne pas pouvoir écouler le produit de leur travail. Le lendemain, les poissonniers parisiens se lamentaient de ne plus rien recevoir. Quoi ? Transporter du poisson en camion frigorifique serait devenu dangereux ? En ce qui concerne les routiers qui continuaient de faire courageusement leur métier, ils ne pouvaient même pas prendre de douche durant leur trajet, car notre paranoïa sanitaire nous avait fait fermer les aires de repos. Comme si permettre aux transporteurs de prendre une douche aurait pu faire imploser les services de réanimation… Le virus ne saurait engendrer irrationalité, résignation ou phobies chez ceux qui ne l'ont pas et qui ne constituent pas un public à risque. Heureusement pour les malades, les soignants n'ont pas eux aussi invoqué leur « droit » au confinement !

Ne prenons pas ces manifestations à la légère : la psychose tue. Souvenons-nous de la défaite de 1940 et de l'Exode. Nous n'avions perdu que 2 % de nos soldats. Nos pertes n'étaient pas plus élevées que celles des Allemands et nous pouvions poursuivre la lutte. Pourtant, nous avons été saisis par la « froide déesse » de la peur, pour reprendre l'expression de Joseph de Maistre dans *Les Soirées de Saint-Pétersbourg*. Totalement désorganisés et paniqués, nous avons abandonné le combat et la population s'est enfuie sur les routes dans une pagaille généralisée qui a causé la mort de cent mille civils ! Au contraire, à Dunkerque, l'évacuation miraculeuse des troupes britanniques et françaises au milieu des bombes allemandes n'a été possible que parce que les hommes se sont montrés disciplinés et n'ont pas cédé à la panique. Ayant été dans une situation infiniment moins grave que la leur, nous aurions dû, nous aussi, pouvoir garder notre calme.

MÉDIATISATION, ÉMOTION ET MIMÉTISME

Pour mieux comprendre ce qui a provoqué notre psychose face à la Covid-19, nous avons élaboré le modèle MEM : médiatisation, émotion, mimétisme.

Les médias ont contribué à diffuser la psychose. Pendant deux mois, ils ont été obsédés par la Covid-19 et n'ont parlé que de cela en permanence. Ils ont donné des chiffres en apparence effrayants, mais sans les remettre dans le contexte statistique qui aurait permis de les relativiser.

Prenons un exemple de cette médiatisation anxiogène : lorsque le nombre de morts de la Covid-19 aux États-Unis passa la barre des cinquante-huit mille, certains journaux écrivirent que la Covid y avait fait plus de victimes que la Guerre du Vietnam ! Les chiffres étaient exacts, mais la présentation peu honnête. Tout d'abord, la grippe saisonnière fait en moyenne soixante mille morts aux États-Unis par an. Pourtant, chaque année, les médias ne disent pas au printemps « la grippe a tué plus que la Guerre du Vietnam ». Ensuite, au moment où les médias publièrent cette comparaison en apparence spectaculaire, ils oubliaient de préciser que, relativement, la Covid-19 avait alors fait moins de victimes aux États-Unis qu'en France, en Italie ou au Royaume-Uni. En outre, les morts américains du Vietnam n'avaient pas du tout le même âge que les morts de la Covid-19. Cinquante-huit mille morts avec une moyenne de 81 ans sont quelque chose de triste, qui doit être empêché si possible, mais il s'agit tout de même d'une réalité bien moins tragique que cinquante-huit mille morts avec une moyenne d'âge de 22 ans, ce qui était le cas lors de la Guerre du Vietnam. Enfin, les médias oublièrent surtout de préciser que le nombre total de morts de la Guerre du Vietnam, tous camps confondus (un million et demi de morts) fut bien supérieur aux cinquante-huit mille morts américains de la Covid-19.

Les médias ont peu mis en avant la moyenne d'âge des morts de la Covid-19 alors que cette donnée était pourtant fondamentale. La moyenne d'âge des patients décédés de la Covid-19 est de 81,2 ans en France. Cette moyenne d'âge correspond à celle de l'espérance de vie française ! Dans le cas du Luxembourg, elle est même supérieure de quatre ans à celle de l'espérance de vie (86 ans de moyenne d'âge pour les victimes de la Covid alors que l'espérance de vie luxembourgeoise est de 82 ans). En France, 50 % des victimes ont plus de 84 ans, 80 % des victimes plus de 75 ans, 93 % plus de 65 ans. Les deux tiers souffrent d'une comorbidité. 30 % des victimes sont mortes dans les EHPAD où l'espérance de vie moyenne, indépendamment de la Covid, n'est que de trois ans. Seuls 2 % des patients décédés étaient âgés de moins de 60 ans et sans comorbidité connue (mais peut-être certains avaient-ils des comorbidités cachées). Et même chez les personnes âgées, les taux de survie restent bons. Chez les plus de 90 ans, c'est-à-dire chez les plus vulnérables, la mortalité du virus est de 20 %. Ce qui signifie qu'un nonagénaire infecté a tout de même 80 % de chances de survie.

La vie humaine a une valeur inestimable. Quel que soit son âge, toute personne doit être soignée et sauvée, si cela est possible. Il est hors de question de laisser qui que ce soit mourir d'asphyxie alors que nous serions en mesure de l'empêcher. Mais mettre davantage en avant ces statistiques aurait trois avantages : réduire la psychose, mieux protéger les personnes à risque, laissez vaquer à leurs occupations habituelles tous ceux qui ne risquent rien. Nous ne pouvions pas mettre tout un pays à l'arrêt et détruire notre économie pour un virus à la létalité aussi faible et qui tue un public aussi âgé et aussi ciblé. La priorité pour l'avenir est de trouver d'autres méthodes pour protéger les personnes à risque. Indifférents à la réalité statistique, les médias ont renforcé la psychose ambiante en parlant sans cesse de quelques jeunes qui sont morts de la Covid-19. Mais les cas sont extrêmement rares et, quoique tragiques, restent insignifiants sur le plan statistique. D'ailleurs, chaque année, en France, quelques enfants et adolescents meurent de la rougeole, de la varicelle ou de la grippe (dont un nourrisson en janvier 2020 à Pontarlier). La grippe saisonnière tue plus d'enfants que la Covid-19.

Presque toutes ces jeunes victimes de la Covid-19 souffraient d'autres pathologies lourdes. On a par exemple beaucoup parlé de la mort d'un adolescent portugais. Mais après examen, on a découvert que, même s'il avait bien été atteint par la Covid, il souffrait d'un psoriasis qui avait affaibli son système immunitaire et qu'il avait aussi une méningite, maladie qui soit fut la vraie cause de sa mort soit amplifia considérablement les effets de la Covid. En France, les médias dirent qu'un Guyanais de 14 ans était mort de la Covid, mais ce jeune homme, certes testé positif à la Covid-19, était en fait mort de la fièvre jaune, maladie tropicale sévère, dont la létalité dépasse les 30 %. De même, sur son site, la BBC a consacré un article entier à la mort d'une petite fille de 5 ans. Au détour de l'article et sans insister sur cette information pourtant capitale, le média de référence britannique nous dit allusivement que la petite fille souffrait d'une autre pathologie, sans préciser laquelle. La mort d'un enfant est toujours un scandale. C'est injuste et horrible. Tout doit être fait pour empêcher que cela ne se produise. Mais ce sont des choses qui arrivent. Six millions d'enfants de moins de 15 ans meurent chaque année dans le monde. Un enfant meurt toutes les deux minutes du paludisme, soit deux cent soixante mille par an. Tout en étant factuel, l'article de la BBC alimente la psychose collective en faisant passer un message subliminal : les enfants meurent aussi de la Covid-19 ! Or la réalité statistique est tout le contraire : le virus est quasiment inoffensif pour les enfants et les adolescents. Seulement 0,4 % des victimes ont moins de 45 ans. En France, sur trente mille morts, seuls vingt-huit avaient moins de 30 ans. Et les rares fois où il tue des enfants, ceux-ci sont très souvent atteints par ailleurs d'une pathologie lourde. Plus tard, il faudra que les sociologues analysent soigneusement le rôle qu'ont joué les médias dans l'émergence d'une psychose mondiale face à une maladie peu létale.

Le mimétisme a aussi favorisé cette psychose : nous voyons les autres avoir peur, donc nous avons peur à notre tour. Face à l'inconnu, l'Homme a tendance à régler son comportement sur celui des autres. En voyant des individus se ruer sur les denrées alimentaires dans les supermarchés, d'autres ont décidé de faire la même chose par peur de la pénurie. En voyant les pays se confiner les uns après les autres, beaucoup de gouvernements n'ont pas pu résister à la pression et ont décidé de recourir à un confinement strict. Et en réalité, bien plus que la létalité (faible) du virus, c'est sa nouveauté qui nous a fait peur. Tout autant que le virus, voire davantage encore, la peur est contagieuse.

LE CONFINEMENT : UN REMÈDE PIRE QUE LE MAL ?

Le remède (le confinement) risque d'être bien pire que le mal (la Covid-19). En ce qui concerne les libertés élémentaires, le confinement a porté atteinte aux droits les plus fondamentaux : celui de travailler, celui d'aller et venir, celui de pratiquer un culte, celui de se réunir, alors que le niveau de gravité de l'épidémie ne justifiait nullement de telles atteintes. On a infantilisé les Français en les forçant à utiliser des *ausweis* pour pouvoir sortir de chez eux. Pourtant, les Français votent ! Deux jours avant de traiter les Français comme des enfants, on avait d'ailleurs considéré que leur vote était tellement important que l'on ne devait pas annuler le premier tour des élections municipales malgré l'épidémie. Les citoyens français sont-ils des adultes libres et responsables, dont on va solliciter le suffrage, ou des enfants qui ont besoin d'une permission pour sortir de chez eux ? Il y a là un véritable paradoxe.

Comme nous l'avons dit, cette année, la mortalité mondiale n'augmentera pas du fait de la Covid-19. Puisque la Covid tue surtout des gens en fin de vie, certains pays, pourtant touchés par la pandémie, n'enregistrent aucune surmortalité. Ainsi en Suisse, il est mort cinq cent trente-huit personnes de moins entre janvier et début septembre 2020 qu'en 2019 sur la même période. En revanche, elle pourrait très bien augmenter à cause de la désorganisation du monde provoquée par le confinement général prolongé et par ses effets économiques délétères. Les récessions économiques diminuent l'espérance de vie. Durant le confinement, la population française ne s'en est pas rendu compte, car elle a continué de percevoir son salaire ou ses aides sociales, mais la récession est une chose très concrète : un pays exsangue, des milliers de faillites, des entrepreneurs ruinés, des millions d'ouvriers et d'employés au chômage, des suicides… Il ne s'agit pas d'opposer froidement l'économie et la vie humaine, mais de comprendre que les crises économiques tuent. 1929 l'a prouvé.

La très grande majorité des États de la planète ne bénéficie pas d'un État-providence soignant les malades gratuitement. Beaucoup de familles appauvries par la crise devront renoncer à recevoir des soins (pour tant d'autres pathologies, parfois bien plus graves) qu'elles auraient pu payer en temps normal.

Même en France, notre généreux système de santé et de protection sociale sera mis à mal par la crise économique. Prenons un exemple. Quand les Français vont au restaurant, ils paient une addition. Cette addition fait vivre le patron du restaurant et ses employés. Sur cette addition, l'État prélève également une TVA. Cette TVA sert à payer les hôpitaux, les lits, les masques, les respirateurs, les salaires des soignants. Si l'activité économique se contracte violemment, l'État perdra ses rentrées fiscales et nous aurons encore moins d'hôpitaux, moins de lits, moins de masques, moins de ventilateurs, et des soignants moins nombreux et moins bien payés. Nous serons encore plus dépendants de l'étranger pour nos importations et le financement de notre dette. La crise économique risque d'accentuer les failles que nous constatons déjà aujourd'hui. On nous a dit qu'il fallait confiner pour sauver nos hôpitaux. En fait, pour sauver nos hôpitaux, il faut aussi et surtout relancer l'activité économique, qui finance, entre autres, le système hospitalier. Nous risquons désormais de mourir guéris.

LE DÉRÈGLEMENT DU MONDE : COMBIEN DE MORTS ?

Les sociétés humaines reposent sur une organisation et une logistique : fonctionnement de l'économie, activité des entreprises et des administrations, éducation des enfants, entretien des infrastructures… Or, le confinement a gravement perturbé cette logistique. Il a paralysé et déréglé le monde.

En France, les tribunaux ont été fermés pendant deux mois et croulent désormais sous une montagne de dossiers non jugés. Notre secteur du BTP a été à l'arrêt, alors que les chantiers à l'air libre auraient très bien pu se poursuivre sans le moindre danger pour les ouvriers. Cela a retardé de nombreux chantiers et généré des surcoûts considérables. Sur le plan sanitaire, tout l'effort de notre système de santé a été monopolisé par la Covid-19. La psychose, le confinement et les effets anxiogènes qui en découlent ont eu des effets pervers que nous allons subir sur la longue durée. L'état des personnes atteintes de troubles psychiques s'est souvent dégradé à cause de l'isolement et du climat d'angoisse. D'après les enquêtes de Santé Publique France, les taux d'anxiété, de troubles du sommeil, de bouffées délirantes et de conduites addictives ont bondi depuis mars. Le confinement a livré, sans échappatoire, des femmes et des enfants aux violences familiales.

Des gens ont fait des infarctus la nuit et sont morts chez eux, car le SAMU, saturé d'appels angoissés, ne pouvait plus répondre. Des chimiothérapies et des opérations ont dû être reportées, ce qui a provoqué des décès. Des personnes âgées ont été brisées physiquement et psychiquement par le manque d'activité, de sorties et de contacts sociaux. Des services d'addictologie ont dû fermer et des cures de désintoxication ont été arrêtées net, laissant retomber les patients dans la drogue ou l'alcool. Des patients atteints d'autres pathologies que la Covid-19 n'ont pas osé ou pas voulu se rendre chez un médecin ou à l'hôpital, soit parce que leur cabinet médical habituel avait fermé à cause du confinement, soit par crainte de la contamination, soit par volonté de ne pas déranger des soignants déjà débordés.

Mais le péril le plus grave auquel nous sommes confrontés est la déstructuration des chaînes d'approvisionnement de produits agricoles, paralysées par le confinement des pays exportateurs. Sur une planète mondialisée, où règne l'interdépendance, le confinement généralisé a produit des désordres qui risquent de causer bien davantage de morts que la Covid-19.

L'Afrique, par exemple, est devenue très dépendante de l'extérieur pour son alimentation. Par malchance, les pays d'Afrique de l'Est et des Grands Lacs viennent de voir leurs cultures ravagées par une invasion de milliards de criquets pèlerins. Les essaims font la taille du Grand Paris et dévorent quotidiennement l'équivalent nutritif de ce que consomment les Parisiens. Une seconde vague de criquets, potentiellement vingt fois plus grande, est en train de se former. Ce fléau va provoquer une famine qui tuera bien davantage que la Covid-19. En plus de cela, la mise à l'arrêt des pays exportateurs dont l'Afrique dépend pour son alimentation et sa santé amplifie encore le problème. L'UNICEF se prépare à affronter une grande famine africaine avec plusieurs millions de morts, dont un million d'enfants. À Lagos ou à Mogadiscio, on redoute bien plus les effets de la faim que ceux du coronavirus. De même, l'ONU considère que si aucun effort n'est fait pour atténuer et surmonter les interruptions de services de santé pendant la pandémie de Covid-19, le nombre de décès causé par le SIDA risque de doubler, principalement en Afrique.

Curieusement, les médias parlent très peu de ce risque, préférant se focaliser sur la Covid-19 : le premier est une plaie pour pays pauvres, la seconde une maladie de pays riches. Étrange paradoxe : on consacre une grande attention à la mort tragique d'un adolescent atteint de la

Covid-19 mais on ne dit pas un mot de la mort, non moins tragique et scandaleuse, des enfants africains tués par la malnutrition provoquée par le dérèglement du monde.

Autre exemple : un pays comme l'Algérie risque d'être pris en étau. Ce pays achète la paix sociale en subventionnant sa population grâce à l'exportation d'hydrocarbures. Or, le prix du pétrole s'est effondré. Et les importations alimentaires vont être très dures à financer.

En outre, dans les pays pauvres d'Amérique latine, du monde arabo-musulman, d'Asie du Sud-Est ou du sous-continent indien, le confinement a privé de tout revenu des dizaines de millions d'individus vivant de l'économie informelle. En Inde, le drame humanitaire provoqué par le confinement est déjà là.

Ces crises alimentaires et économiques meurtrières risquent de nourrir le terrorisme et de provoquer des émeutes, des guerres civiles, des migrations de masse en direction de l'Europe bien nourrie, et peut-être même des révolutions. N'oublions pas que le Printemps arabe avait été provoqué par une explosion du prix des denrées alimentaires.

LE RISQUE MORAL : BARBARIE FRANÇAISE

Mais avec cette crise, ce sont également nos repères qui ont été déréglés. Nous nous sommes découverts menacés par un danger moral : celui de la barbarie. Le confinement a révélé et amplifié la crise des valeurs qui frappe notre société. Juste après la canicule de l'été 2003, qui a fait quinze mille victimes en deux semaines, l'un de nous avait écrit dans *Le Figaro* un éditorial intitulé « Barbarie française ». Il s'agissait de fustiger la barbarie d'une société individualiste, matérialiste, qui a abandonné le lien social et familial ainsi que les solidarités traditionnelles au point de laisser mourir de chaud ses vieillards, pour que les jeunes puissent mieux profiter de la plage. Dans la crise actuelle, nous avons vu poindre la même barbaric. Et cette barbarie fut d'autant plus grave qu'elle a parfois résulté de directives officielles.

Dans les EHPAD, à cause des mesures de confinement, on a empêché les enfants de venir voir leurs parents. Beaucoup de personnes âgées, séquestrées, y sont mortes de solitude, du manque de soin, de la fonte musculaire provoquée par l'absence d'activité physique et peut-être même de faim. Le 12 avril, la télévision belge RTL Info diffusait un effrayant reportage sur l'EHPAD du Jardin des Plantes, dans le ve arrondissement de Paris. On y voyait des personnes âgées, abandonnées et privées des soins les plus élémentaires. On y voyait également des cadavres rester plusieurs jours dans les chambres. De manière absurde et contre-productive, nous avons laissé mourir certains de nos vieillards… sous prétexte de les sauver. La civilisation occidentale individualiste a tort de se croire moralement supérieure aux civilisations africaines et orientales, où il ne viendrait à l'idée de personne d'abandonner ses parents âgés à la solitude.

À l'hôpital, beaucoup de gens sont morts dans le plus effroyable isolement, car les familles et amis n'avaient plus le droit d'être au chevet des mourants. De même, on a interdit pendant plusieurs semaines aux proches de voir le corps des personnes décédées ou de se rendre aux enterrements. La gendarmerie nationale a même présenté ses excuses à un homme qu'elle avait verbalisé et empêché de se rendre auprès de son père qui était sur le point de décéder. Tout cela est barbare, contraire à la dignité humaine et viole les principes anthropologiques les plus fondamentaux. Doit-on, par exemple, empêcher des parents de voir le corps de leur enfant mort, comme cela s'est passé durant le confinement, à cause d'une maladie qui tue moins de 0,5 % de ceux qu'elle touche ? Nous ne le pensons pas.

Dans son roman *L'Étranger*, Albert Camus écrivait que l'homme qui ne pleure pas à l'enterrement de sa mère se rend suspect à toute la collectivité. Dans notre nouvelle société, égoïste et obsédée par son « principe » de précaution, l'inversion des valeurs est telle que le suspect est désormais celui qui accomplit les plus anciens rites humains : assister les mourants ; veiller, puis enterrer les morts. Le sort de l'Antigone de Sophocle, condamnée pour avoir enterré son frère, ne nous paraît plus si étranger.

LA SCOLARISATION DES ENFANTS N'EST PLUS SACRÉE

De même, cette crise a révélé un paradoxe dans notre rapport à l'éducation. Nous investissons toujours davantage dans ce domaine, pourtant nous ne semblons plus comprendre que les écoles et les enseignants sont au cœur du processus d'instruction. On les a quasiment déchargés de leur travail pendant trois mois, comme si l'on considérait que l'instruction des enfants ne constituait plus un besoin vital. En France, pendant la Deuxième Guerre mondiale, la scolarisation des enfants n'a jamais été abandonnée. En juin 1944, malgré les combats et les bombes, les examens du baccalauréat ont quand même eu lieu en Normandie. Pour les seuls lycéens de Caen, comme les copies avaient brûlé, l'examen fut de nouveau organisé en septembre. Chez les Français de cette époque, la scolarisation des enfants était, pour les familles, une obligation sacrée. Elle ne l'est plus aujourd'hui. L'instruction publique n'est plus qu'une urgence de deuxième rang.

Il est plus que temps que l'Occident s'interroge sur sa crise morale s'il ne veut pas sombrer encore plus profond dans cette nouvelle barbarie.

CE QUE CETTE CRISE DIT DE NOUS

LE DÉCLIN DES OCCIDENTAUX : TOUT LEUR FAIT PEUR !

Désormais, tout fait peur aux Occidentaux, population riche et vieillissante. Quel écart entre notre réaction paniquée face à la Covid-19 et le général Bonaparte qui, durant l'expédition d'Égypte, rassembla son armée et toucha les malades atteints de la peste afin de rassurer ses soldats.

Depuis les années 1960, en Occident, un phénomène tout à fait nouveau a fait son apparition : la hausse inédite du niveau de vie. La paix remplaça la guerre. La perspective de la famine disparut et fit place à une abondance inédite. La vie de nos ancêtres, paysans qui travaillaient au grand air malgré la pluie ou un soleil de plomb, a disparu. Asepsie, antisepsie, meilleure nutrition, vaccination, antibiotiques formèrent une combinaison gagnante pour faire reculer les épidémies. Télévision et réfrigérateur firent leur apparition dans les foyers. Les temps de la pénurie permanente, où l'on devait aller chercher son eau au puits ou au lavoir, appartiennent aujourd'hui à un passé révolu. La mortalité infantile a été divisée par trois depuis 1950. Si on les compare à ce qu'ils étaient il y a un siècle, les taux de suicide et d'homicide ont considérablement reculé. Et l'on ne peut que s'en réjouir.

Mais cet extraordinaire progrès du confort nous a affaiblis. Comment imaginer qu'il y a à peine un siècle, nos ancêtres furent capables de livrer pendant dix mois l'incroyable bataille de Verdun ? Trois cent soixante-deux mille soldats y perdirent la vie, dont cent cinquante mille Français. Le premier jour de la bataille coûta à lui seul plusieurs milliers de vies à notre armée. Pendant des mois, les Poilus vécurent sous un déluge d'obus ennemis, dans la promiscuité la plus totale, au contact des poux et des rats. Comment penser qu'il y a encore soixante-six ans, lors de la guerre d'Indochine, les jeunes Français pataugeaient dans la boue de Diên Biên Phu ? Ce qu'ils connaissaient alors de l'Asie sur le plan sanitaire, ce n'était pas un coronavirus qui tue moins de 0,5 % des personnes infectées, mais la dysenterie dans les camps de prisonniers du Viet-Minh. 70 % d'entre eux moururent durant une captivité qui dura moins de quatre mois. S'ils nous voyaient être terrorisés par le coronavirus, ils seraient bien surpris.

Si nous sommes bien plus émus par la Covid-19 que par des maladies plus mortelles, c'est aussi parce que nous estimons qu'elles ne peuvent pas nous toucher. Quel Français pense sincèrement qu'il peut être atteint par la lèpre ? Le coronavirus, lui, pourtant bien moins dangereux, nous interpelle parce qu'égoïstement nous sentons qu'il peut nous contaminer. Quand de graves épidémies touchent des pays pauvres, nous nous en moquons. Mais quand le riche Occident est touché, même par une maladie bien moins grave, nous exigeons que le monde s'arrête.

Le confort dans lequel nous vivons aujourd'hui est tout à fait exceptionnel – tant du point de vue historique que géographique. Mais ce confort nous a modifiés anthropologiquement. Et pour tout dire, il nous a diminués. Il nous laisse désarmés face aux dangers et nous fait redouter jusqu'aux risques les plus insignifiants. Comme nous n'avons plus besoin de solidarité face aux famines ou aux épidémies, nous sommes devenus beaucoup plus individualistes. Comme la guerre n'est plus notre horizon, nous ne sommes plus préparés à la violence et nous ne voyons plus qu'elle est au cœur de la vie de l'animal humain. Comme nous sommes bien soignés, nous avons oublié ce qu'est une vraie épidémie et nous nous effrayons devant des dangers dont nous nous exagérons la gravité. Ainsi la psychose a pu saisir l'Occident, ce qui lui a permis, grâce au terrible principe du mimétisme, de s'exporter et de gagner le monde entier.

LA DÉTRESSE MÉTAPHYSIQUE DES OCCIDENTAUX

Nous vivons désormais dans un monde régi par des logiques hygiénistes et prudentielles. Nous, les Occidentaux modernes, nous nous faisons une idée très étrange de la vie humaine : pour nous, l'Homme serait un être individualiste et rationnel, qui cherche toujours à gagner davantage d'argent et à maximiser son confort. Nous sommes devenus indifférents à nos traditions. Nous valorisons le pacifisme et la tolérance. Nous cherchons à refouler la mort et la violence. Nous donnons de plus en plus d'importance à l'éducation alors que paradoxalement le niveau réel des élèves s'effondre, car nous n'avons plus le sens de l'exigence et de la discipline nécessaire à toute vraie instruction. Nous nous intéressons de plus en plus à l'écologie alors que nous n'avons jamais été aussi éloignés de la Nature qu'aujourd'hui.

Les cinq piliers de notre imaginaire social sont: le droit, le marché, l'assurance, la technologie, la pharmacie. Notre culte pour les sorties, les fêtes, les vacances et le tourisme complète le tableau. Or, cette vision que nous nous faisons de l'homme est erronée puisqu'elle ne concerne même pas 5 % des êtres humains de la planète. Et dès qu'une menace semble surgir, comme la Covid-19, nous sommes désemparés. Fort justement, Régis Debray remarque: « Nous sommes dirigés par des gens qui n'ont jamais eu peur, qui n'ont jamais eu faim, qui n'ont jamais eu froid, qui n'ont jamais vu de morts ! » Nous, Occidentaux modernes, sommes aujourd'hui rattrapés par des réalités qui sont le tissu même de l'histoire humaine.

Avant les épidémies étaient reçues avec fatalisme, car elles semblaient inéluctables. Mais plus nous avons développé nos moyens médicaux, plus nous avons vaincu d'épidémies (nous avons par exemple éradiqué la variole), plus les épidémies qui résistent à notre volonté nous paraissent insupportables.

Le professeur de philosophie suisse Enzo Santacroce voit dans le confinement une ambition quasi prométhéenne: « Ces mesures de prudence résultent d'un orgueil à rester maître, à vouloir éradiquer la mort et la souffrance de la condition humaine, des réalités aujourd'hui intolérables, mais qui étaient encore acceptables en 1968 au moment de la grippe de Hong Kong. » Et tant pis si, pour cela, il faut mettre l'économie en veille, comme en manière de pénitence.

Le fait qu'une maladie aussi peu mortelle ait pu paralyser le monde est inquiétant. Que ferons-nous le jour où nous serons confrontés à une maladie nouvelle aussi contagieuse (voire davantage) mais avec une létalité beaucoup plus élevée (par exemple de 20 ou de 40 %) ? Le professeur de virologie au Collège de France Hervé Fleury considère qu'il est tout à fait possible qu'à l'avenir nous soyons confrontés à des pandémies avec une mortalité de 50 %.

L'INQUIÉTANTE FAIBLESSE DE L'OCCIDENT FACE À SES ENNEMIS

Mais le plus effrayant est que notre mode de vie nous laisse désarmés face à ceux qui en sont les ennemis. Non seulement nous manquons désormais d'énergie pour les combattre, mais surtout, notre univers mental est devenu tellement différent du leur que nous ne parvenons même plus à comprendre leurs motivations. Par exemple, les djihadistes ne partagent pas du tout notre vision du monde. Le Nigérian de Boko Haram ou le Taliban afghan se moquent du coronavirus. Pour eux, la dangerosité du paludisme, de la tuberculose ou d'une blessure mal soignée est bien plus grande. Ils sont indifférents aux valeurs que nous vénérons : le marché, les Droits de l'Homme ou le principe de précaution. À cela, ils opposent la tradition, la solidarité clanique, la religion et la violence, c'est-à-dire des choses qui sont au cœur de la vie humaine depuis la nuit des temps, mais qui pourtant, depuis quatre décennies, paraissent de plus en plus floues à l'homme occidental. Les djihadistes sahéliens ont par exemple profité de la crise de la Covid-19 pour intensifier leurs raids et leurs attaques. De même, en mars-avril, les attentats sont repartis à la hausse en Irak, en Syrie et en Afghanistan. Si nous ne voulons pas être détruits par nos ennemis, nous ferions bien de prendre conscience de ce décalage et d'imaginer un nouveau modèle de société où l'efficacité politique, économique, scientifique, technique et médicale ne soit plus nécessairement synonyme d'affaiblissement de la volonté.

*

L'émotion désordonnée avec laquelle les États-Unis et les grands pays d'Europe occidentale (à l'exception de la Suède, des Pays-Bas, de la Suisse et de l'Allemagne) ont réagi à l'épidémie de Covid-19 restera dans l'Histoire comme un bel exemple de psychose collective. Dans l'adoration de ce nouveau veau d'or qu'est le « principe » de précaution, nous avons foulé aux pieds les valeurs les plus sacrées pour lesquelles se sont battus nos aînés. La liberté et la responsabilité citoyenne ont été, en France, jugées secondaires par rapport à la volonté administrative de rétablir des *ausweis*. On a retiré aux médecins de ville leur liberté de prescription. On a considéré que l'instruction des enfants n'était plus une urgence. On a empêché les mourants de voir une dernière fois leur famille.

Après le confinement, nous avons connu une accalmie fort appréciable. Mais depuis le mois d'août, la deuxième vague est là. Non pas la deuxième vague sanitaire, mais la deuxième vague de psychose. L'Espagne (qui avait déjà interdit toute sortie aux enfants pendant six semaines durant le printemps) décide d'imposer le port du masque à l'école dès l'âge de six ans. Pourtant, il est extrêmement rare que les enfants soient infectés par la Covid. Et les rares fois où ils le sont, ils ne développent presque jamais de forme grave. De même, certaines communes françaises – dont Paris et toute la petite couronne, y compris dans les rues vides qui longent le parc de Sceaux ou la forêt de Meudon – ont imposé le port du masque en extérieur, entretenant ainsi le climat de psychose. Pourtant, il est établi que la contamination en extérieur sans contact physique est impossible. À Nice, il est même obligatoire de porter un masque dans sa voiture ! En quoi porter un masque dans une rue déserte ou dans un véhicule clos va-t-il permettre de lutter efficacement contre la maladie ? Le plus surprenant est que ces décisions absurdes et inefficaces sont prises à un moment où, depuis trois mois, presque plus personne ne meurt de la Covid en Europe, région où l'épidémie est retombée d'elle-même pour des raisons naturelles qui lui sont propres. C'est la hausse du nombre de cas détectés qui a justifié cette nouvelle panique. Mais le nombre de cas n'est pas le nombre de morts, seul indicateur pertinent. L'Irlande, fin août, a ainsi affolé sa population en lui conseillant de ne plus prendre les transports en commun. Pourtant, le pays n'a compté que six morts du 26 juillet au 28 août. Si la Covid-19 circule encore pendant 30 ans mais sous une forme atténuée et bénigne (proche des autres coronavirus à l'origine des rhumes), va-t-on devoir vivre dans ce climat de terreur pendant des décennies ? Nous sommes confrontés à un immense pétage de plombs. Au lieu de nous imposer des mesures aussi contraignantes et ridicules, les autorités feraient mieux d'armer et d'organiser les services de santé pour faire face non seulement à une éventuelle seconde vague, mais aussi aux autres maladies et accidents.

Un véritable totalitarisme sanitaire se met en place. Et certains « experts », enfermés dans une logique de surenchère, semblables au faux devin d'*Astérix*, ont tout intérêt à entretenir cette hystérie par un discours catastrophiste et alarmiste, car la panique leur confère influence et notoriété. Ils semblent n'avoir aucune envie que la situation ne s'améliore car cela les contraindrait à quitter les plateaux de radio et de télévision où ils ont élu domicile.

Comme les politiques de prévention avaient été négligées en Europe et en Amérique (à la différence de la Corée du Sud ou de Taïwan), les Européens et les Américains se sont jetés aveuglément sur le principe de précaution. Nous sommes passés d'un extrême à l'autre à une vitesse effrayante. Ébouriffés par ce vent de panique, nous n'avons plus été capables de prendre des décisions rationnelles, c'est-à-dire des décisions réfléchies répondant à un bilan coûts-avantage pensé sur le long terme. La grande politique se fait toujours sur le temps long. Mais l'infernale spirale de la médiatisation, de l'émotion et du mimétisme nous l'a interdit.

RENAUD GIRARD, JEAN-LOUP BONNAMY

DANS LA COLLECTION « TRACTS/GALLIMARD »

Nº 1 RÉGIS DEBRAY, **L'EUROPE FANTÔME**, FÉVRIER 2019
Nº 2 ERRI DE LUCA, **EUROPE, MES MISES À FEU**, MARS 2019
Nº 3 PIERRE BERGOUNIOUX, **FAUTE D'ÉGALITÉ**, MARS 2019
Nº 4 FRANÇOIS GARDE, **LA POSITION DES PÔLES**, AVRIL 2019
Nº 5 DANIÈLE SALLENAVE, **JOJO, LE GILET JAUNE**, AVRIL 2019
Nº 6 CYNTHIA FLEURY, **LE SOIN EST UN HUMANISME**, MAI 2019
Nº 7 SYLVIANE AGACINSKI, **L'HOMME DÉSINCARNÉ**, JUIN 2019
Nº 8 FRANÇOIS SUREAU, **SANS LA LIBERTÉ**, SEPTEMBRE 2019
Nº 9 HÉLÉ BÉJI, **DOMMAGE, TUNISIE**, OCTOBRE 2019
Nº 10 ARTHUR DÉNOUVEAUX & ANTOINE GARAPON, **VICTIMES, ET APRÈS ?**, NOVEMBRE 2019
Nº 11 RENÉ FRÉGNI, **CARNETS DE PRISON**, DÉCEMBRE 2019
Nº 12 STÉPHANE VELUT, **L'HÔPITAL, UNE NOUVELLE INDUSTRIE**, JANVIER 2020
Nº 13 DIDIER DAENINCKX, **MUNICIPALES. BANLIEUE NAUFRAGÉE**, FÉVRIER 2020
Nº 14 ARUNDHATI ROY, **AU-DEVANT DES PÉRILS**, MARS 2020
Nº 15 OLIVIER REY, **L'IDOLÂTRIE DE LA VIE**, JUIN 2020
Nº 16 PATRICE FRANCESCHI, **AVEC LES KURDES**, JUILLET 2020
Nº 17 ÉTIENNE KLEIN, **LE GOÛT DU VRAI**, JUILLET 2020
Nº 18 PHILIPPE FOREST, **L'UNIVERSITÉ EN PREMIÈRE LIGNE**, SEPTEMBRE 2020
Nº 19 NAJAT VALLAUD-BELKACEM & SANDRA LAUGIER, **LA SOCIÉTÉ DES VULNÉRABLES**, SEPTEMBRE 2020
Nº 20 OLIVIER ASSAYAS, **LE TEMPS PRÉSENT DU CINÉMA**, OCTOBRE 2020
Nº 21 RENAUD GIRARD & JEAN-LOUP BONNAMY, **QUAND LA PSYCHOSE FAIT DÉRAILLER LE MONDE**, OCTOBRE 2020

GRAND FORMAT « TRACTS/GALLIMARD »

RÉGIS DEBRAY, **LE SIÈCLE VERT**, JANVIER 2020
JEAN-NOËL JEANNENEY, **VIRUS ENNEMI**, JUIN 2020
ALICE KAPLAN, **TURBULENCES, USA**, OCTOBRE 2020

HORS SÉRIE « TRACTS/GALLIMARD »

COLLECTIF, **TRACTS DE CRISE**, JUIN 2020

À l'heure du soupçon, il y a deux attitudes possibles. Celle de la désillusion et du renoncement, d'une part, nourrie par le constat que le temps de la réflexion et celui de la décision n'ont plus rien en commun; celle d'un regain d'attention, d'autre part, dont témoignent le retour des cahiers de doléances et la réactivation d'un débat d'ampleur nationale. Notre liberté de penser, comme au vrai toutes nos libertés, ne peut s'exercer en dehors de notre volonté de comprendre.

Voilà pourquoi la collection « Tracts » fera entrer les femmes et les hommes de lettres dans le débat, en accueillant des essais en prise avec leur temps mais riches de la distance propre à leur singularité. Ces voix doivent se faire entendre en tous lieux, comme ce fut le cas des grands « tracts de la NRF » qui parurent dans les années 1930, signés par André Gide, Jules Romains, Thomas Mann ou Jean Giono – lequel rappelait en son temps : « Nous vivons les mots quand ils sont justes. »

Puissions-nous tous ensemble faire revivre cette belle exigence.

ANTOINE GALLIMARD

TRACTS